INTERPRETACIONES DEL POEMA

EL TARTESIO
de Aurora Luque

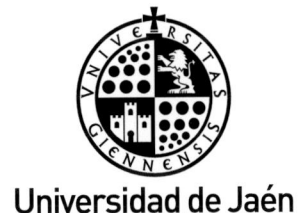

Universidad de Jaén

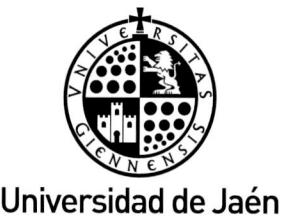

Universidad de Jaén

COORDINACIÓN DEL PROYECTO	Esther Gámez Blánquez
	Elena Felíu Arquiola
EDICIÓN	© Universidad de Jaén
	© Autoras/es
	© Poema: Aurora Luque
	© Fotografías: Fernando Mármol Hueso
	1.ª edición, abril 2025
	Universidad de Jaén. Servicio de Publicaciones
	Vicerrectorado de Cultura
EXPOSICIÓN	Servicio de Actividades Culturales
IMPRESIÓN	Gráficas La Paz de Torredonjimeno, S. L.
ISBN	978-84-9159-674-5
Depósito Legal	J-237-2025

Impreso en España / *Printed in Spain*

El proyecto Libro de Artista, auspiciado por la Editorial de la Universidad de Jaén y coordinado por Elena Felíu Arquiola, llega a su Novena edición gracias a la implicación del profesorado y alumnado de la Escuela de Arte y Superior de Diseño José Nogué que, curso tras curso, hace posible la muestra contenida en este catálogo. Desde la Universidad de Jaén, y particularmente desde su Vicerrectorado de Cultura, se fomenta, promueve e impulsa la actividad creadora contemporánea y, más aún, si atañe a la expresión artística desarrollada por jóvenes de nuestro entorno.

Como en el caso de las ediciones anteriores, un poema inspira las obras propuestas por el alumnado de la asignatura 'Proyectos de ilustración II' del Ciclo Superior de Ilustración de la Escuela de Arte y Superior de Diseño José Nogué de Jaén. Tras *Arquero luminoso*, de Juan Antonio González Iglesias, en 2017; el *Poema de la Eterna Dualidad*, de Antonio Colinas, en 2018; *Palabras en el margen*, de Elena Felíu, en 2019; *Jabón*, de Antonio Praena, en 2020; *Pocas palabras*, de José Corredor-Matheos, en 2021; *El salto del pez*, de Olalla Castro, en 2022; *Ojalá no hubiera devorado*, de Yolanda Ortiz, en 2023; *Agosto, Perseidas*, de Juan Antonio Bernier en 2024; en esta ocasión, *El tartesio*, de Aurora Castro, a quien agradecemos su generosidad al cedernos sus versos.

Los libros diseñados son producto de la experimentación del alumnado, que muestra su individualidad, identidad y, en definitiva, su creatividad. Texto e imagen establecen un diálogo original y único, materializado en un objeto que supone una obra de arte en sí misma. La elegancia, el equilibrio y la reflexión que muestran las propuestas estéticas, además del dominio técnico, hacen que este proyecto sea, ciertamente, singular.

De hecho, 'La Rueca. Serie Raíz, Libro de Artista' de la Editorial de la UJA ha sido reconocida, en 2023, como mejor colección en los XXVI Premios Nacionales de Edición Universitaria, concedidos por la Unión de Editoriales Universitarias Españolas (UNE). El jurado destacó la reivindicación de la palabra, al reproducir los poemas de figuras cumbre de la literatura española con una gran variedad de técnicas y soportes de impresión.

Agradecemos, pues, la colaboración de la Escuela de Arte y Superior de Diseño José Nogué, especialmente, de su directora, Ángela Kayser Mata, y a la coordinadora del proyecto, Esther Gámez Blánquez, ya que su interés y entusiasmo motivan que el alumnado participante se involucre intensamente y, por tanto, elabore obras de gran calidad.

Nicolás Ruiz Reyes
Rector Magnífico de la Universidad de Jaén

EL TARTESIO

LOS amigos son viajes. Te subes a sus barcos:
una brisa festiva va a rozar las palabras
y ese viento que suele
coleccionar misterios y fulgores
se hará con el timón. Cuántos poemas tejen y destejen
ciertas noches tan sólo para ellas,
cuántas motas de luz en altas copas
de palabras mojadas. Subes a los países
inventados —Khayyam viene esta noche—
cruzas por los senderos de los versos de otros,
por los acantilados crujientes de algún sueño,
abres baúles rígidos de memorias vencidas,
brindas por el olor a promesa de un lienzo,
por el color soberbio que te acosa
en algún remolino desbocado
de esplendor y de angustia inconcebibles.
Y el mar color de vino, y este vino

sucedáneo del mar, de un mar que sólo es párpado
de una arena de miel,
el negro mar de Homero en los remansos
íntimos e intrincados de occidente,
donde las aves altas y los linces
y los toros más nobles y los ciervos
miran un vasto cielo azafranado
y la vida es un centro que llama y enloquece.
Acuarela el océano: noticia de un naufragio,
recuento de las rutas ardidas bajo el mar,
hallazgo de unas huellas
de pincel en el fondo: los marinos altivos
no consienten que estorben su hondo viaje sin tregua.
Hay una herencia noble que estos náufragos
dejan al pasajero de otras naves:
ciertas formas anónimas de luz
no las rompe la muerte con su proa.

Aurora Luque

ARTISTAS Y SUS OBRAS

PAULA CALAHORRO CASTRO

DESCRIPCIÓN

En cuanto a la justificación del producto, mis ideas son muy metafóricas, todas se basan en los recuerdos que tenía con su amigo, esos momentos vividos, he querido profundizar en esa alegría y en los sentimientos positivos en vez de los negativos, ya que, aunque se haya ido esa persona no vamos a recordarla por lo malo sino por esos momentos divertidos con esa persona, esas risas y todos esos momentos felices.

TIPOLOGÍA	Libro acordeón.
TÉCNICA Y MATERIALES UTILIZADOS	Técnica realizada con rotuladores calibrados, sobre cartulina negra.
TAMAÑO	16,5 x 16,5 cm.
N.º DE PÁGINAS	8.

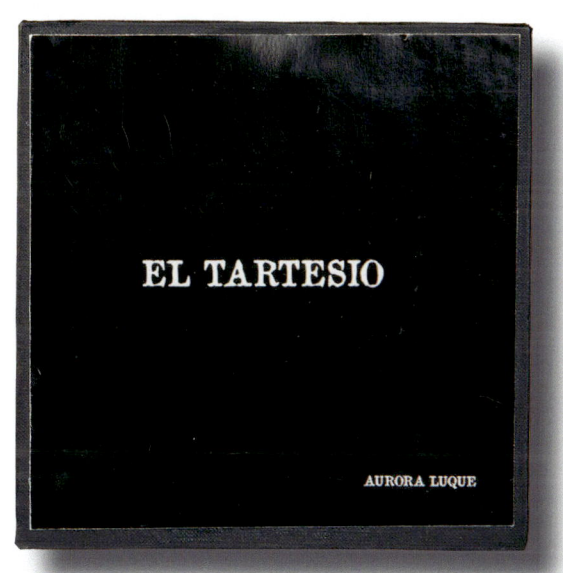

EL TARTESIO

AURORA LUQUE

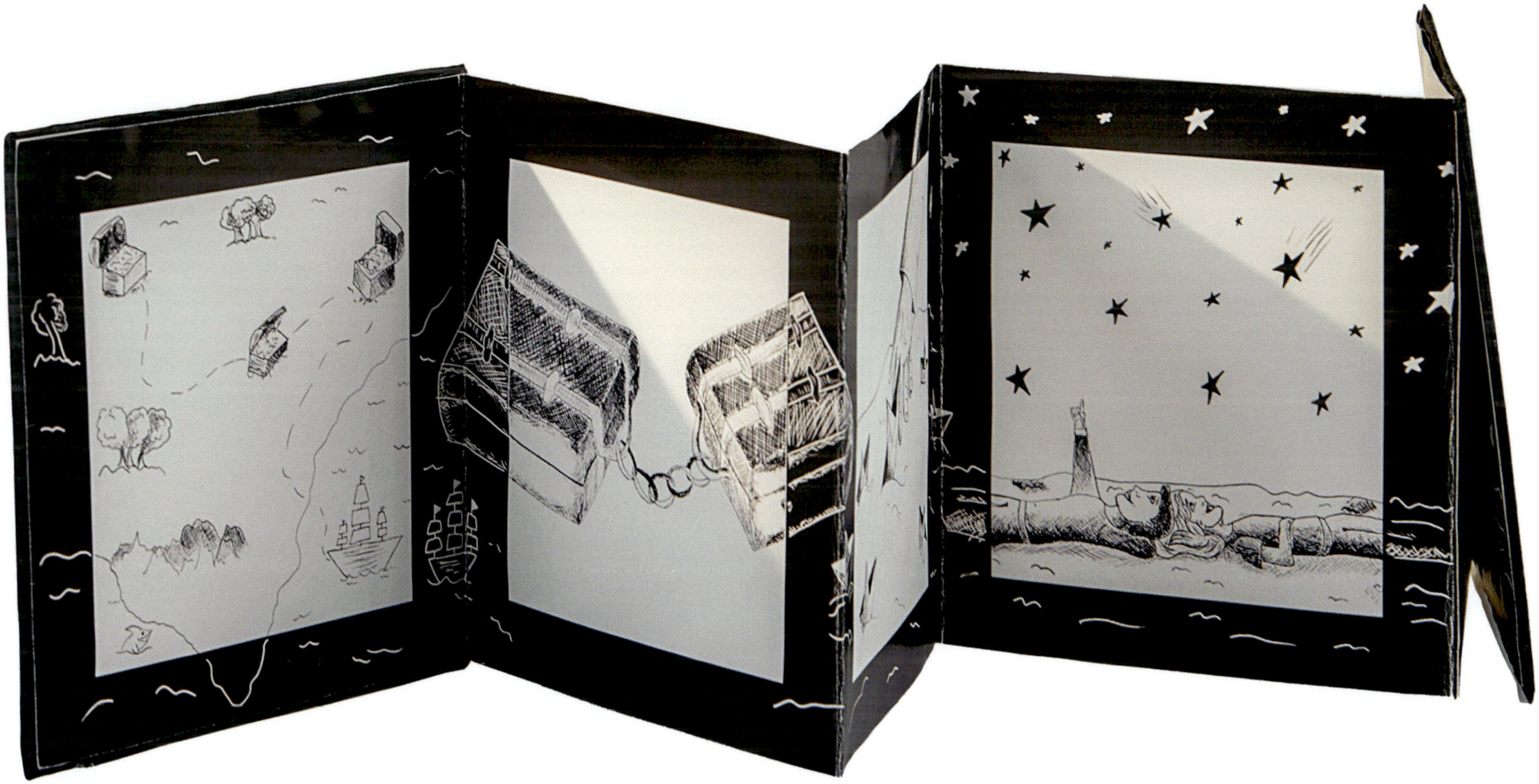

Yessenia Calles Utrilla

Descripción

El libro es en acordeón, que se leerá en formato vertical. De los lados saldrán unas ventanitas del mismo tamaño en un lado si y otro no, donde irá incluido el poema. Tiene dos tapas forradas con cuero para que parezca un libro, a cada lado tiene dos lazos marrones para que no se abra y el título del poema en dorado con *lettering* junto con el nombre de la autora.

TIPOLOGÍA	Acordeón.
TÉCNICA Y MATERIALES UTILIZADOS	Recortables. Surtido de cartulinas y papel transparente de colores, bolígrafo dorado, cartón y piel de cuero marrón sintética para la tapa, como decoración, y para cerrar el libro, dos lazos marrones a cada lado.
TAMAÑO	10 x 11 cm el interior. Con las tapas 12 x 12 cm.
N.º DE PÁGINAS	10 páginas y 5 ilustraciones.

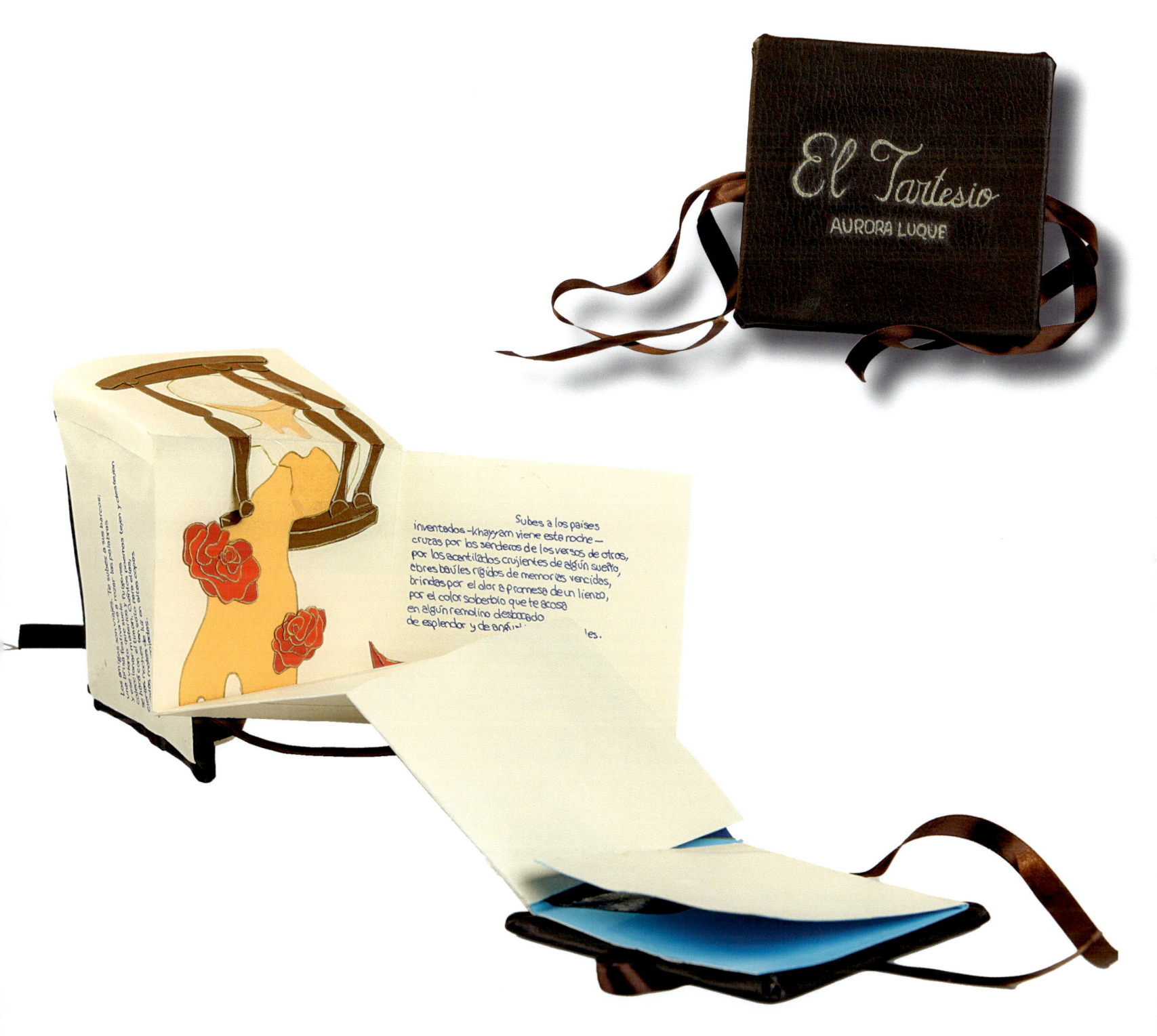

El Tartesio
AURORA LUQUE

Subes a los países
inventados —khayyam viene esta noche—
cruzas por los senderos de los versos de otros,
por los acantilados crujientes de algún sueño,
abres baúles rígidos de memorias vencidas,
brindas por el olor a promesa de un lienzo,
por el color soberbio que te acosa
en algún remolino desbocado
de esplendor y de angus...   les.

Irene cámara Párraga

Descripción

Es un libro de artista que va más allá de lo visual, invitando a una experiencia sensorial donde la textura y el contacto juegan un papel fundamental. Mediante una cuidadosa combinación de acabados y técnicas gráficas, la obra busca despertar emociones profundas: la nostalgia de los recuerdos, la fuerza de la superación y un amor incondicional por el arte en todas sus manifestaciones. Cada página es un reflejo de esta travesía emocional, convirtiendo el libro en un objeto que no solo se observa, sino que se siente y se vive.

Tipología	Caja libro
Técnica y Materiales utilizados	Talla de madera, pirograbado, resina.
Tamaño	14,9 x 23 x 13 cm.
N.º de páginas	Caja de madera con cinco piezas internas.

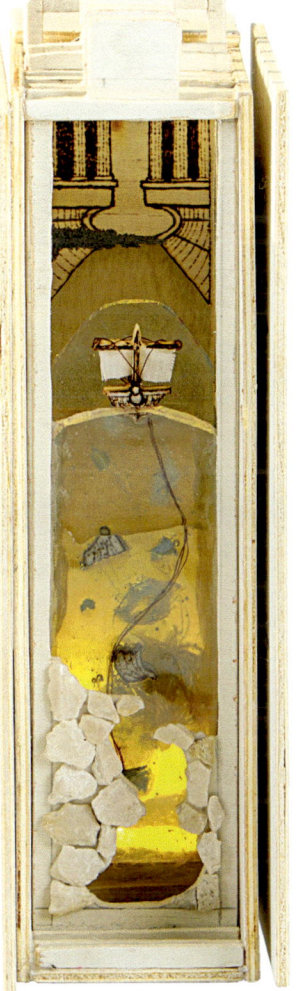

Los amigos son viajes. Te subes a sus barcos.
una brisa festiva va a rozar las palabras
y ese viento que suele
coleccionar misterios y fulgores
se hará con el timón. Cuántos poemas tejen y destejen
ciertas noches tan sólo para ellas,
cuántas motas de luz en altas copas
de palabras mojadas. Subes a los países
inventados –khayyam viene esta noche–
cruzas por los senderos de los versos de otros,
por los acantilados crujientes de algún sueño,
abres baúles rígidos de memorias vencidas,
brindas por el olor a promesa de un lienzo,
por el color soberbio que te acosa
en algún remolino desbocado
de esplendor y de angustia inconcebibles.

ar color de vino, y este vino
áneo del mar, de un mar que sólo es párpado
arena de miel.
ra mar de Homero en los remansos
e a intrincados de occidente,
las aves altas y los linces
ros más nobles y los ciervos
un vasto cielo azafranado
a es un centro que llama y enloquece.
ta el océano; noticia de un naufragio,
to de las rutas ardidas bajo el mar,
o de unas huellas
sel en el fondo; los marinos altivos
sienten que estorban su honda viaje sin tregua,
a herencia noble que estos náufragos
al pasajero de otras naves:
rmas anónimas de luz.
rompe la muerte con su proa.

EL TARTESIO LUQUE

AURORA

Ana Belén Castillo Martínez

Descripción

Este libro de artista trasciende lo visual para ofrecer una experiencia sensorial y emocional, donde cada página es un eco del viaje compartido de la vida y la amistad. A través de una cuidada combinación de técnicas gráficas y acabados, la obra evoca la nostalgia de los momentos vividos, la superación de los desafíos y un profundo amor por el arte en todas sus formas.

Su estructura y materialidad lo convierten en un libro-objeto, una pieza artística que no solo se lee, sino que se contempla e interactúa con ella. Como un vestigio tangible de un recorrido emocional, este libro invita al espectador a sumergirse en su historia y a revivir, a través del tacto y la mirada, la esencia de un vínculo que trasciende el tiempo.

TIPOLOGÍA	Ilustración.
TÉCNICA Y MATERIALES UTILIZADOS	Manchas de acrílico y tintas. Dibujo alzado a acrílico.
TAMAÑO	20,1 x 64,8 cm.
N.º DE PÁGINAS	1.

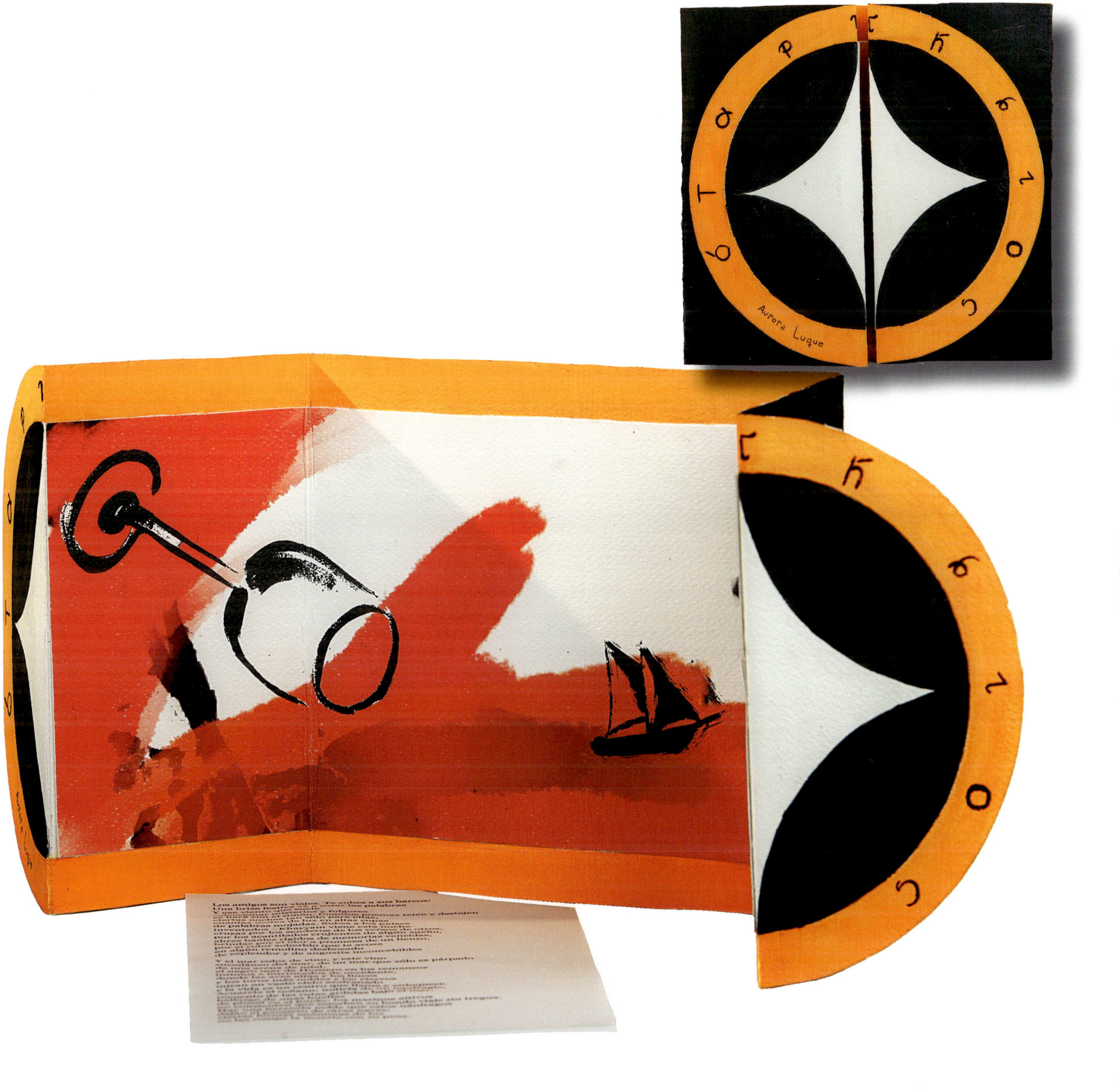

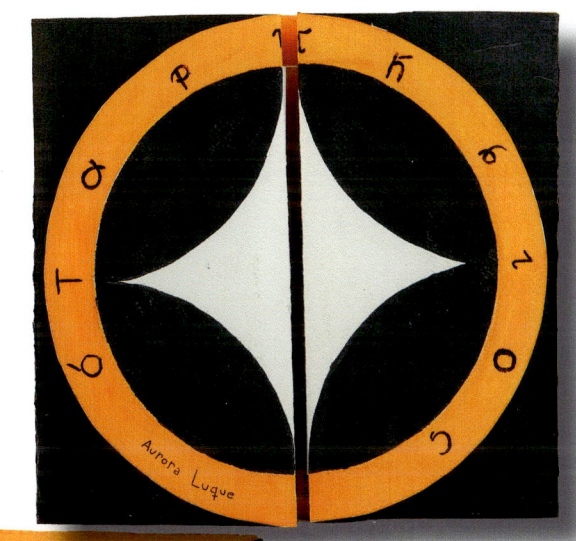

Aurora Luque

Paloma Cordón Aguayo

Descripción

Se trata de una serie de siete cartas ilustradas que interpretan visualmente el poema *El Tartesio* de Aurora Luque. Inspiradas en la estética y simbolismo de las cartas del tarot, cada una de ellas representa un momento clave del poema, combinando imágenes y metáforas para reforzar su significado.

Cada carta ha sido cuidadosamente diseñada para transmitir la esencia del viaje narrado en el poema, utilizando elementos gráficos y colores que evocan la atmósfera marítima, el misterio de la travesía y el simbolismo del destino. La elección del número siete no es casual, pues en la tradición esotérica y en el tarot, este número representa la introspección, la búsqueda del conocimiento y el viaje del alma.

Las cartas están resguardadas en una caja de madera artesanal, cuya textura y acabado aportan un carácter atemporal a la obra. La madera, material asociado a lo orgánico y lo perdurable, refuerza la idea de un legado que se conserva a través del tiempo, al igual que los recuerdos y las emociones plasmadas en el poema. Esta caja no solo protege las cartas, sino que también funciona como un objeto simbólico que invita al espectador a descubrir su contenido como si se tratara de un tesoro oculto.

TIPOLOGÍA	Ilustracion literaria.
TÉCNICA Y MATERIALES UTILIZADOS	Las ilustraciones se hicieron a digital imprimidas en cartulina gráfica con un barniz mate y la caja de madera fue pintada a mano de negro por fuera y los detalles y el interior de dorado.
TAMAÑO	7,53 x 8,55 cm.
N.º DE PÁGINAS	8.

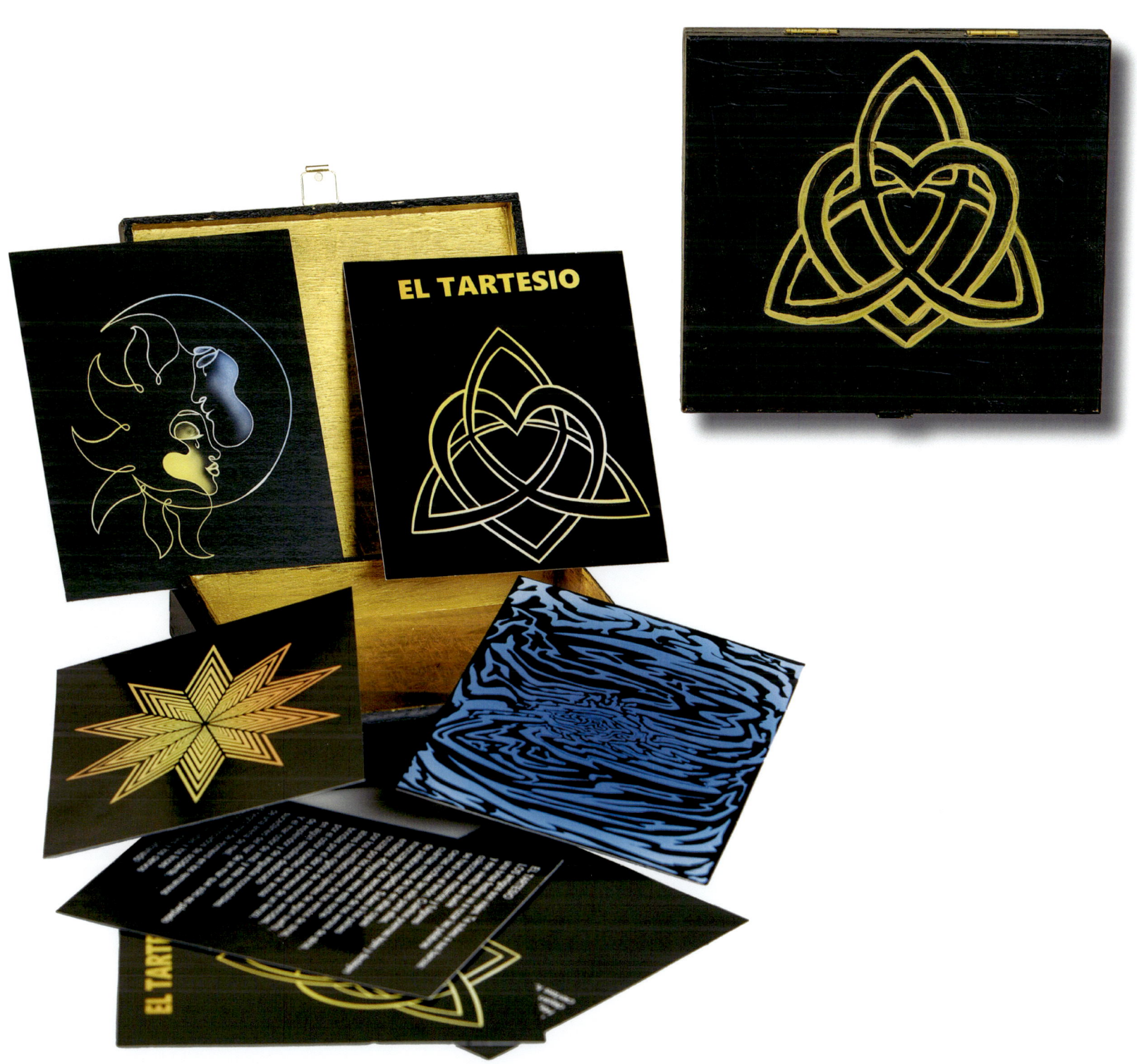

EL TARTESIO

Silvia Duro Expósito

Descripción

El producto final es un libro de artista concebido como un cuaderno de bitácora inspirado en el poema El Tartesio de Aurora Luque. A través de la retórica visual, he buscado acompañar la narración poética con imágenes que refuercen su significado. Mi objetivo ha sido representar un viaje que simboliza la amistad y el vínculo construido a través de las experiencias compartidas.

Para ello, he trasladado las metáforas del poema al lenguaje visual, intensificando su impacto en el lector. La presencia del capitán, aunque insinuada, desempeña un papel clave: simboliza a uno de los amigos, quien guía el barco e invita a su compañero a embarcarse en la travesía. Así, la amistad se despliega como un viaje que evoluciona a lo largo de las páginas. Estas comienzan con un aspecto limpio e inmaculado, pero van envejeciendo progresivamente, reflejando el paso del tiempo y la transformación del vínculo.

La muerte se representa a través del naufragio, un evento que marca la pérdida del capitán. Sin embargo, aunque él se hunde con su barco, su legado perdura, acompañando a su amigo en el resto del trayecto.

TIPOLOGÍA	Libro de artista en forma de cuaderno de bitácora. Se trata de un cuaderno archivador de cuero sintético inspirado en un cuaderno de bitácora que contiene, por un lado ilustraciones a línea negra de contorno realizadas a tinta con técnica de tramado, y por otro lado elementos de collage como desplegables interactivos y papeles con estampados entre otros.
TÉCNICA	Se ha hecho uso de técnicas tradicionales como collage y delineado con línea de contorno en negro. Además se ha usado como material tinta negra, rotuladores acrílicos, café, sellos de caucho, papeles de distintos grosores y papeles decorativos con estampados.
TAMAÑO POR PÁGINA	A5, 14,8 x 21 cm.
N.º PÁGINAS	16.

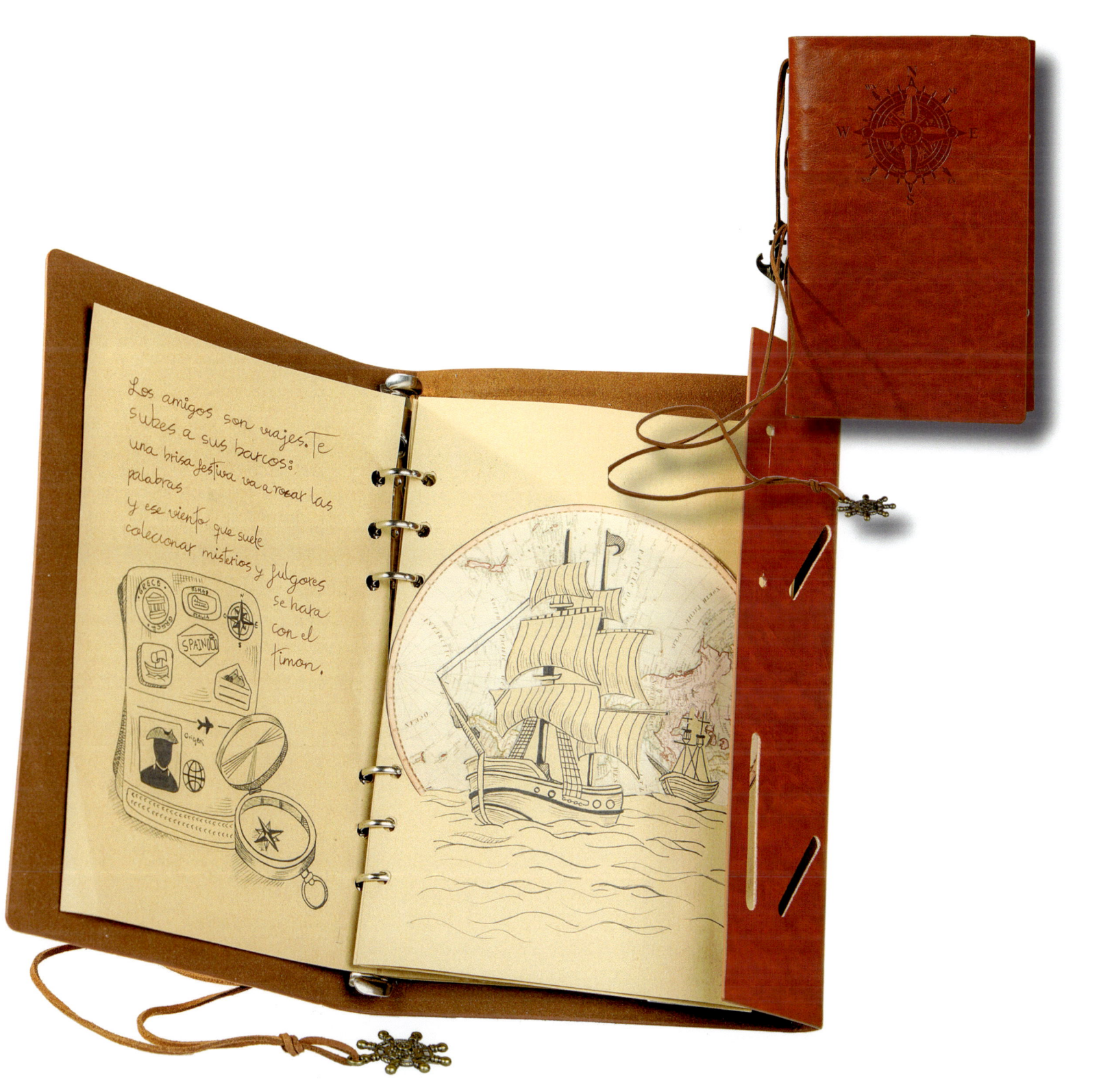

Los amigos son viajes. Te
subes a sus barcos:
una brisa festiva va a rozar las
palabras
y ese viento que suele
coleccionar misterios y fulgores
se hará
con el
timón.

Sebastián García Frutos

Descripción

El libro en formato ánfora, refleja el continente que es la mente, estos dibujos son los recuerdos imborrables en la memoria y se encuentran hundidos en el fondo del mar, donde los amigos eternos habitan.

TIPOLOGÍA	Libro objeto.
TÉCNICA Y MATERIALES UTILIZADOS	Acrílico, tierra, cartón.
TAMAÑO	18 x 24 cm aprox.
N.º DE PÁGINAS	5.

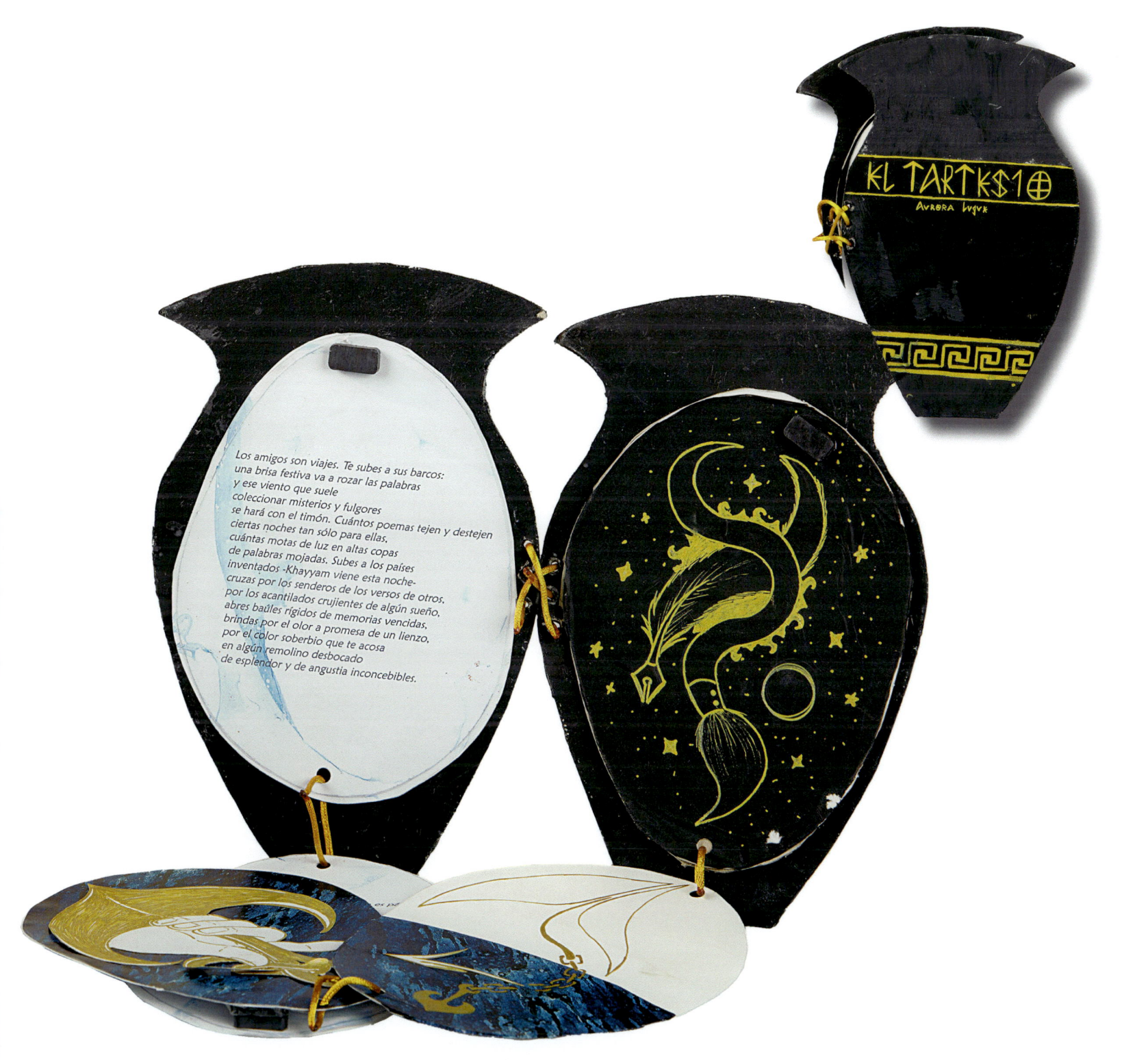

Los amigos son viajes. Te subes a sus barcos:
una brisa festiva va a rozar las palabras
y ese viento que suele
coleccionar misterios y fulgores
se hará con el timón. Cuántos poemas tejen y destejen
ciertas noches tan sólo para ellas,
cuántas motas de luz en altas copas
de palabras mojadas. Subes a los países
inventados -Khayyam viene esta noche-
cruzas por los senderos de los versos de otros,
por los acantilados crujientes de algún sueño,
abres baúles rígidos de memorias vencidas,
brindas por el olor a promesa de un lienzo,
por el color soberbio que te acosa
en algún remolino desbocado
de esplendor y de angustia inconcebibles.

KL TARTKS1⊕
AVRORA LVGVK

Victoria Grison Olivares

Descripción

Mi interpretación final es que, los pinceles son las personas que conocemos a lo largo de la vida (en los barcos) y, según cómo haya sido el viaje con cada persona, el mar va a estar de un color u otro (la pintura) en función de cómo haya evolucionado la amistad, que dará lugar a la obra de arte final.

Tipología	Libro estuche.
Técnica y materiales utilizados	Acrílico.
Tamaño	25 x 36 cm.
N.º de páginas	3.

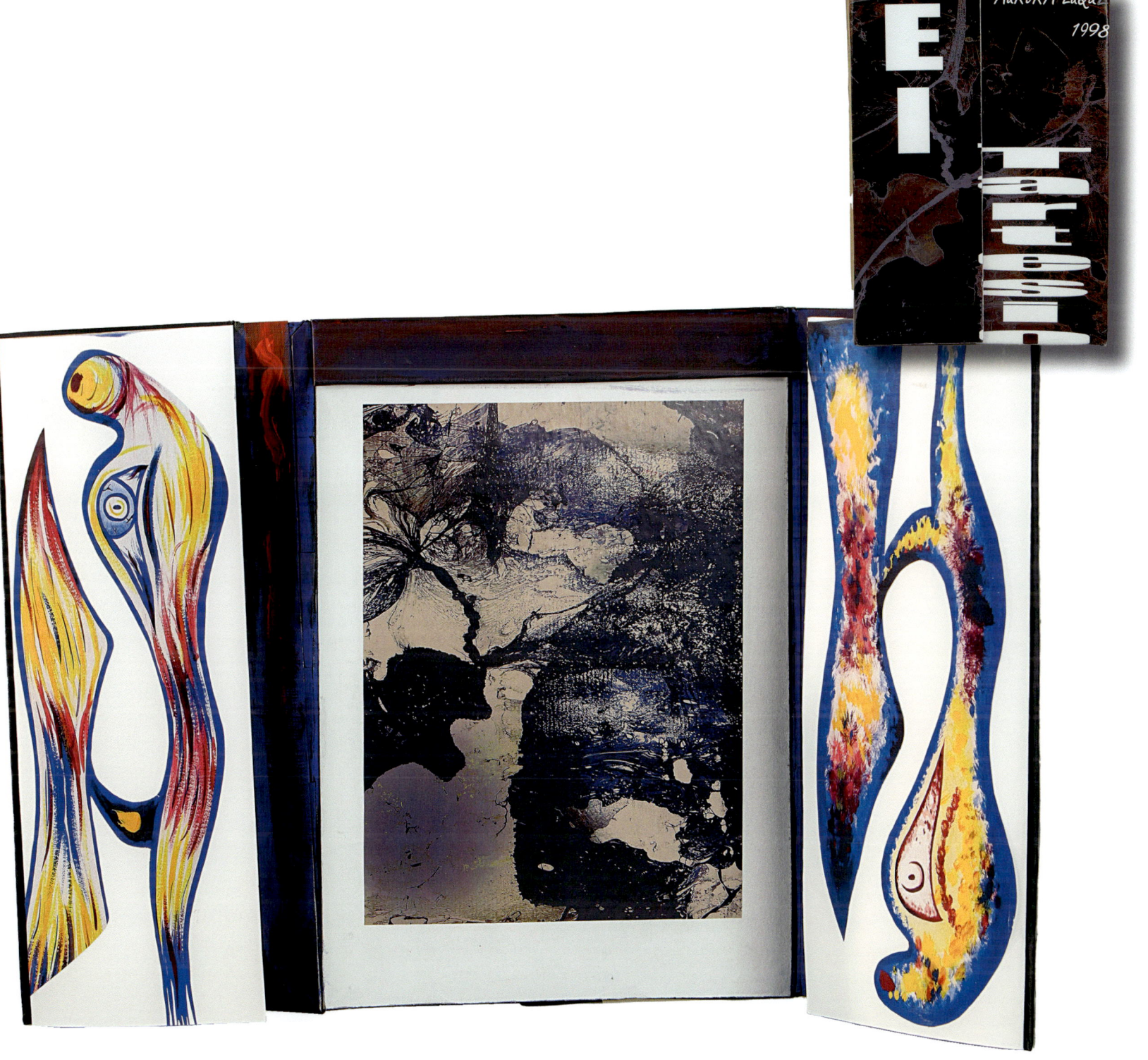

AuRoRA LuQuE
1998

EI
Tiresias

Ana Isabel López Ortega

Descripción

Quise representar las experiencias compartidas entre el escritor y una persona que ha perdido, plasmando sus recuerdos en una espiral que conduce hacia el centro. En este punto final, todos esos fragmentos de memoria se unen para dar forma a la silueta de esa persona, simbolizando cómo, al final de la vida, recordamos a quienes amamos a través de las vivencias que compartimos con ellos.

La ilustración está plegada de manera que, al desplegarse, se abre en espiral, reforzando visualmente la idea de los recuerdos que nos envuelven y nos llevan hasta la esencia de quien ya no está. Esta imagen se guarda dentro de un sobre hecho a mano, con un interior de color naranja y un exterior negro, los mismos tonos que protagonizan la ilustración. La elección de estos colores y del estilo gráfico se inspira en las primeras formas de arte conocidas: las pinturas rupestres, un testimonio primitivo y eterno de la necesidad humana de narrar, recordar y honrar.

TIPOLOGÍA	Ilustración en negro, plegable sobre cartulina naranja, con sobre negro y naranja, y poema en papel cebolla.
TÉCNICA Y MATERIALES UTILIZADOS	Digital.
TAMAÑO	29,7 x 29,7 cm.
N.º DE PÁGINAS	1.

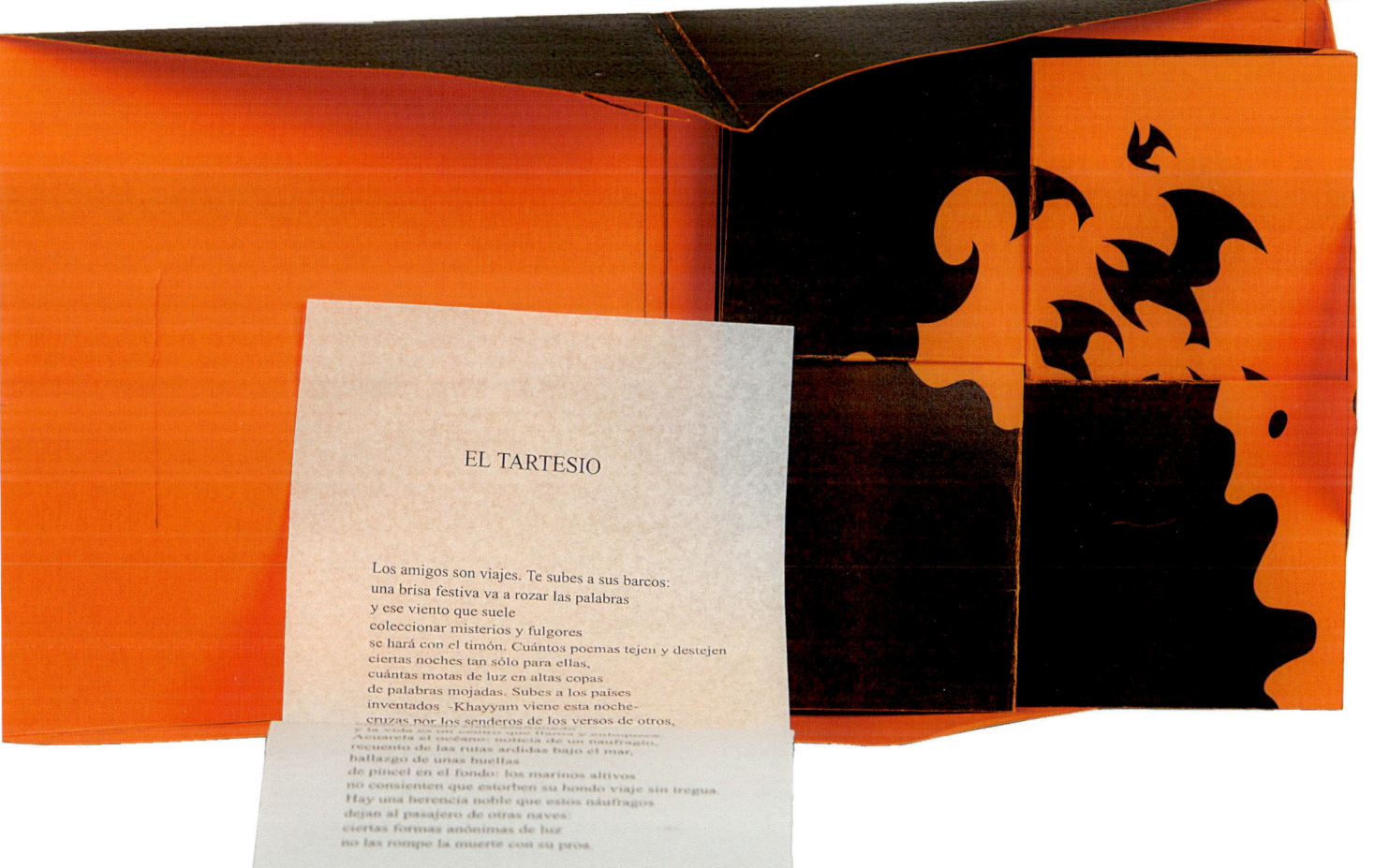

EL TARTESIO

Los amigos son viajes. Te subes a sus barcos:
una brisa festiva va a rozar las palabras
y ese viento que suele
coleccionar misterios y fulgores
se hará con el timón. Cuántos poemas tejen y destejen
ciertas noches tan sólo para ellas,
cuántas motas de luz en altas copas
de palabras mojadas. Subes a los países
inventados -Khayyam viene esta noche-
cruzas por los senderos de los versos de otros,
y la cola de un cometa que flota y arabesca.
Acuarela al océano: noticia de un naufragio,
recuento de las rutas ardidas bajo el mar,
hallazgo de unas huellas
de pincel en el fondo: los marinos altivos
no consienten que estorben su hondo viaje sin tregua.
Hay una herencia noble que estos náufragos
dejan al pasajero de otras naves:
ciertas formas anónimas de luz
no las rompe la muerte con su proa.

Carolina López Aguilera

Descripción

Desde el principio tuve una visión clara de lo que quería lograry transmitir en mi libro de artista. Con ese propósito en mente, comencé a elaborar una serie de bocetos centrados en conceptos como la amistad, la nostalgia, el mar, el azul, el cariño, la vida y la muerte. Estos temas resonaban profundamente con el poema, y quería que cada ilustración reflejara el simbolismo y la emotividad que esos conceptos evocan:

> Amistad, recuerdos y el mar.

Tipología	Ilustración.
Técnica y materiales utilizados	Acuarela y acrílico.
Tamaño	7 x 8 cm.
N.º de páginas	7.

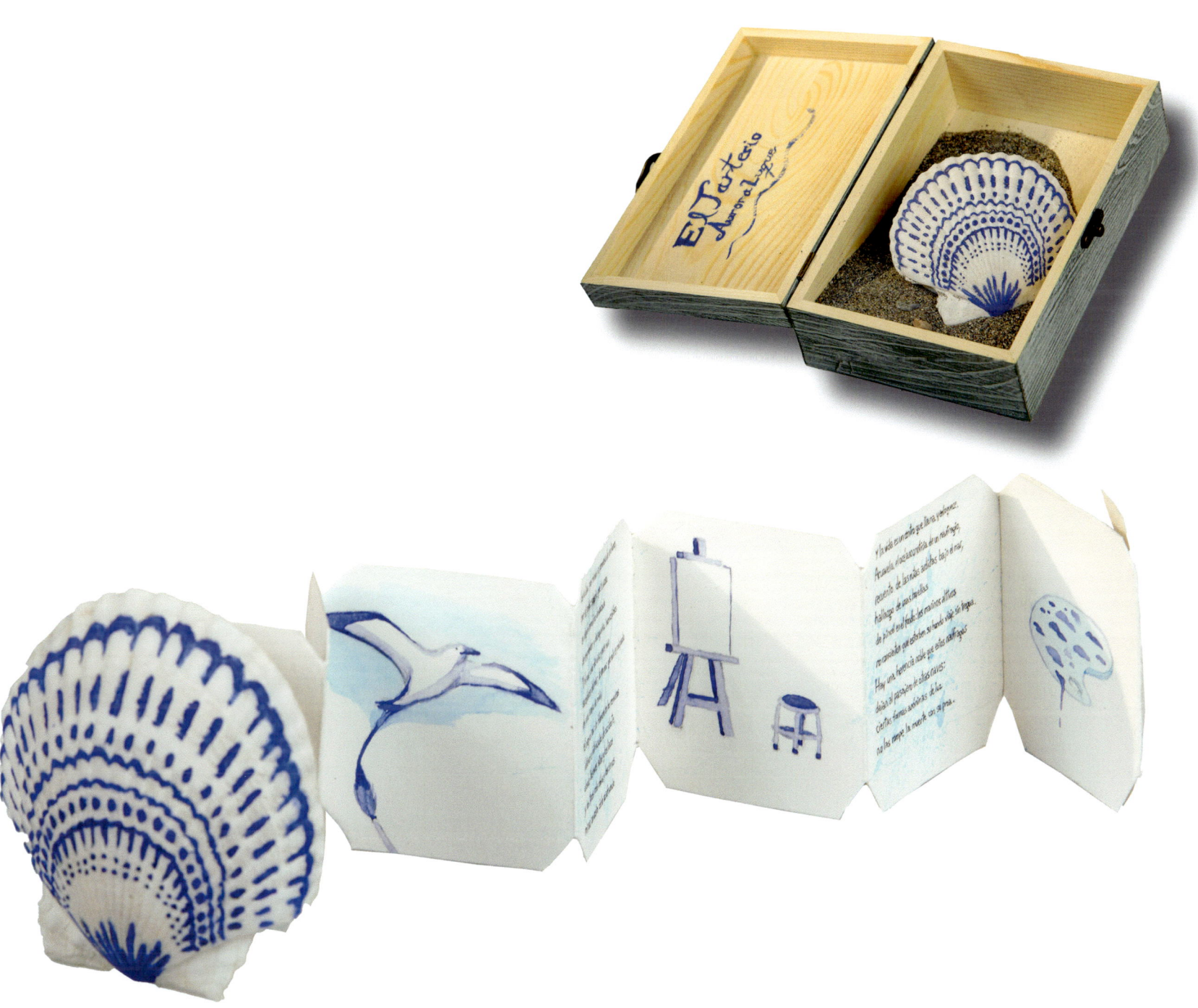

Luna Montejo Carrillo

Descripción

Proyecto de libro de artista con cianotipia en homenaje a *El tartesio* de Aurora Luque. Un viaje introspectivo en torno a la memoria, la amistad y la luz. Cada paso ha estado guiado por la intención de traducir las emociones y metáforas de la autora en un objeto tangible que hiciera justicia al poema. Tras una breve investigación visual, concluí que la mejor idea sería utilizar cianotipia. Me pareció oportuno teniendo en cuenta que los tonos azules evocan el mar, el elemento central en la metáfora del poema y, además, la naturaleza fotográfica de la técnica se alinea con el tema de los recuerdos y la memoria. Mediante las impresiones en cianotipia podía representar las "formas anónimas de luz" mencionadas en el poema, que entendí como entes lumínicos.

Tipología	Libro acordeón en azul y blanco. La obra cuenta con cinco láminas impresas en cianotipia, una página con el texto original y una funda de papel.
Técnica y materiales utilizados	Cianotipia sobre papel arches 300 gr. Con negativos de originales realizados mediante collage fotográfico e ilustración digital. Detalles con gouache blanco. Papel de encuadernación azul y cola.
Tamaño	15 x 28 cm.
N.º de páginas	6.

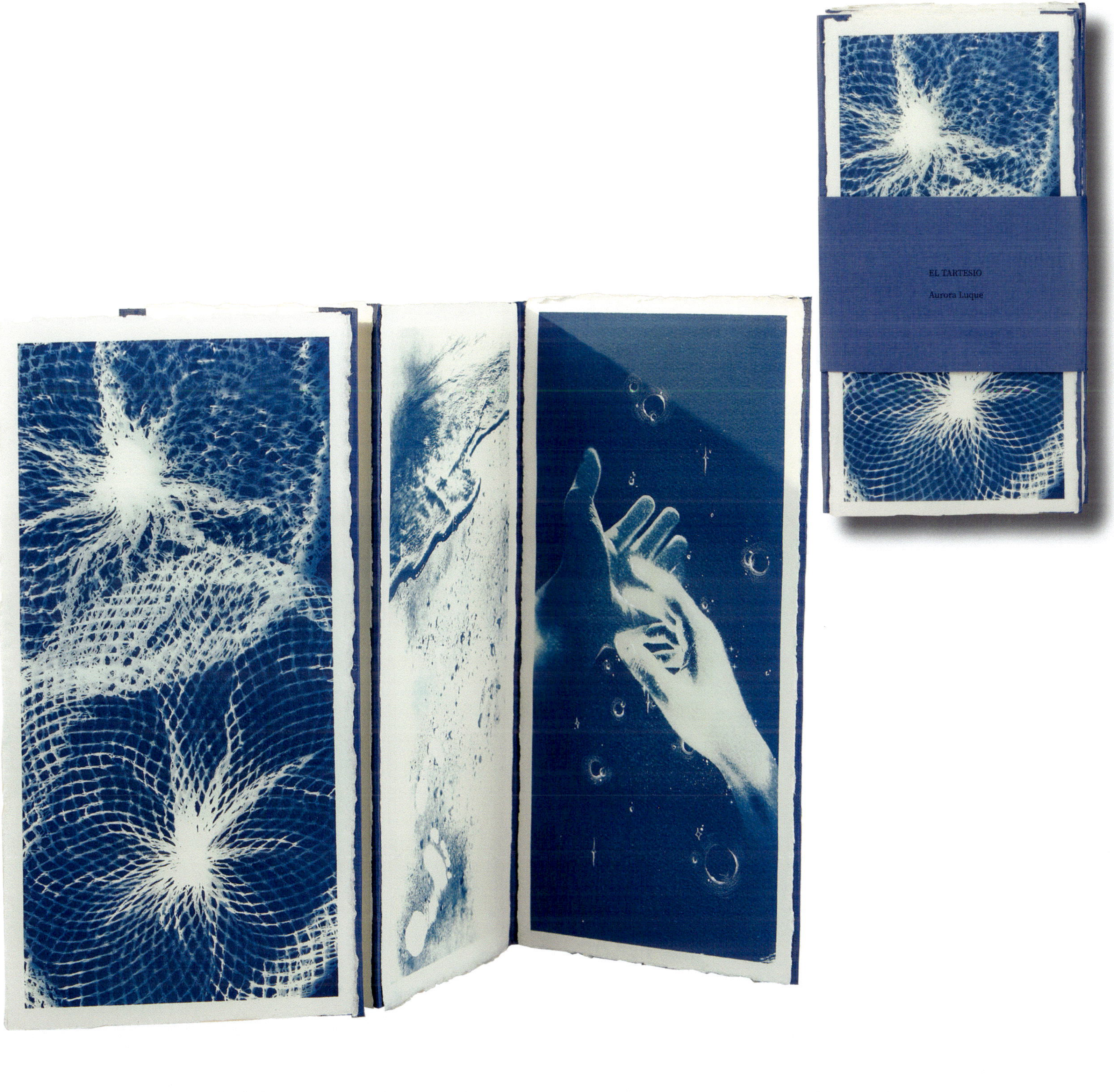

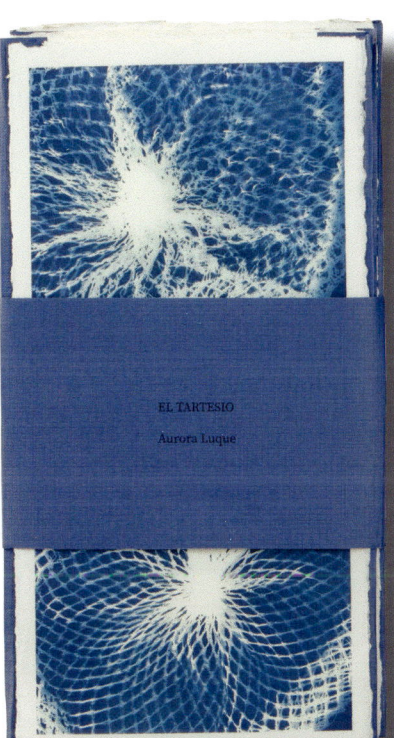

EL TARTESIO

Aurora Luque

Laura Ortiz Montoya

Descripción

Libro de artista sobre el poema *El Tartesio,* de Aurora Luque, en el cual mediante 8 ilustraciones hago una representación personal basada en el mismo. En ellas aparecen elementos mencionados en el poema, como animales, una copa de vino, materiales artísticos, lugares como el mar o la noche. Añadiendo mi propia interpretación de la historia de amistad entre la poetisa y su amigo pintor, mediante el inicio de unos pies caminando y el final de estos en pausa, haciendo referencia al camino vital del pintor ya difunto.

TIPOLOGÍA	Es un libro acordeón, el cual tiene una portada y contraportada hecha por mi en tapas duras y el título escrito a mano por mi, junto a una cinta negra a modo de decoración que impide que este se abra sin quererlo. Dentro de este, justo detrás de la portada hay una hoja de papel vegetal donde aparece dicho poema de Aurora Luque. En la parte doblada en forma de acordeón están las ilustraciones y detrás de estas hay una mancha de pintura roja en línea recta que se desvanece significando el paso de la vida hasta fallecer.
TÉCNICA Y MATERIALES UTILIZADOS	Las ilustraciones son hechas mediante carboncillo y tinta china. Las portadas son de cartón, forradas con papel rojo con textura y en la portada el título con rotulador negro de punta fina. El poema aparece en papel vegetal con las letras rojas acorde con la estética del libro y la mancha roja que pierde intensidad fue creada con tinta china del mismo color. Además de la cinta negra de decoración.
TAMAÑO	Libro abierto: 28'5 x 97 cm / libro cerrado: 18'5 x 28'5 cm.
N.º DE PÁGINAS	8.

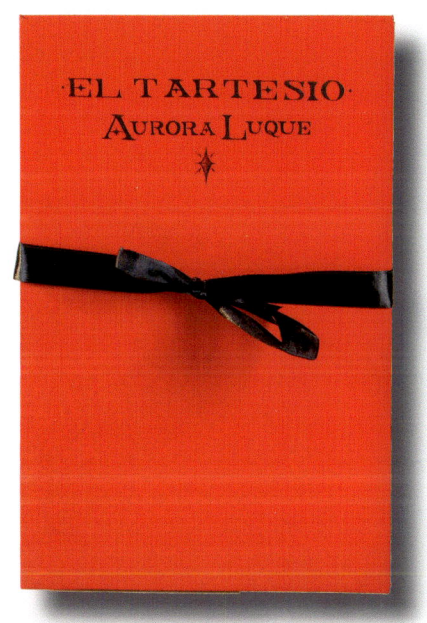

EL TARTESIO

AURORA LUQUE

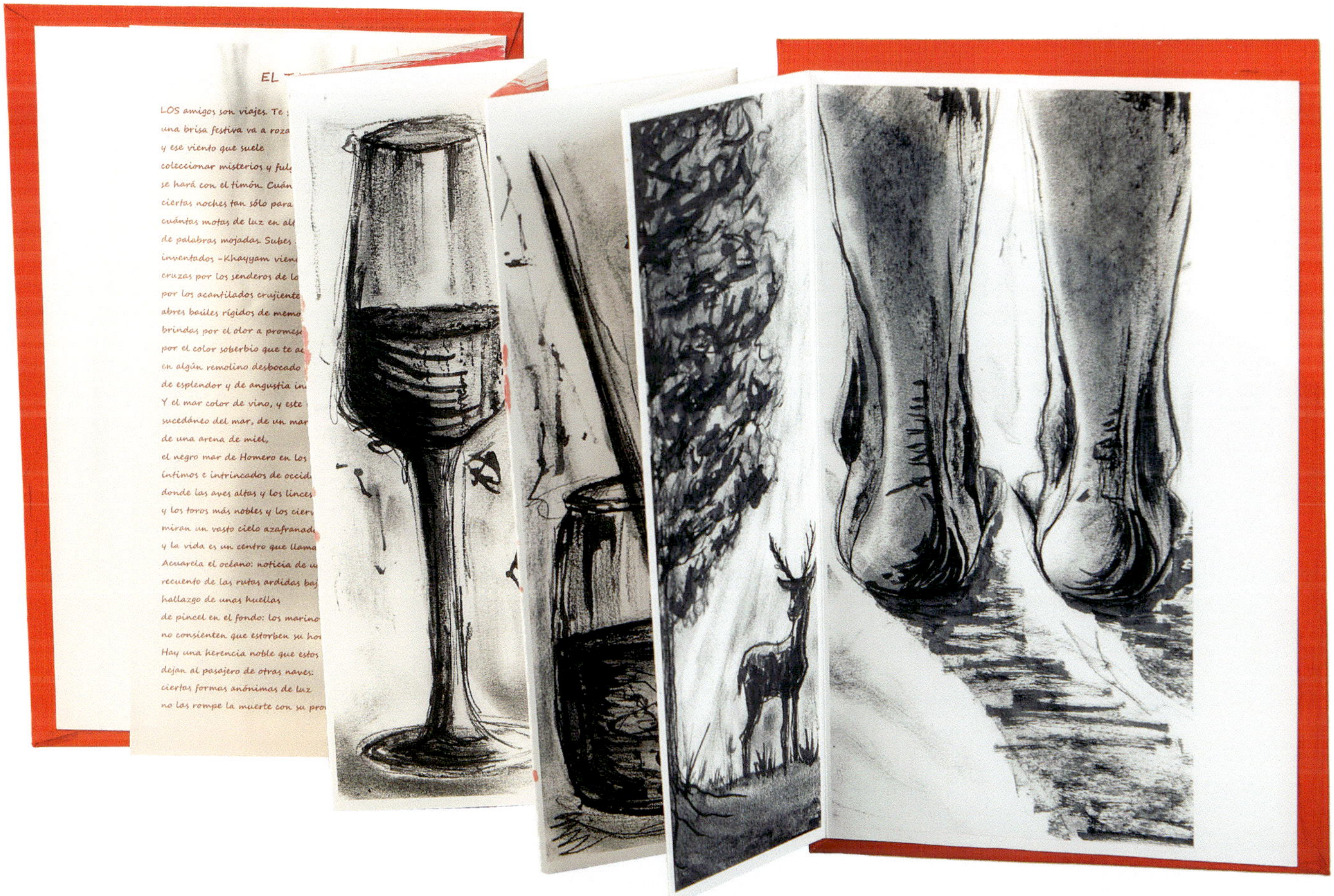

EL T...

LOS amigos son viajes Te
una brisa festiva va a roza
y ese viento que suele
coleccionar misterios y fulg
se hará con el timón. Cuán
ciertas noches tan sólo para
cuántas motas de luz en alg
de palabras mojadas Subes
inventados –Khayyam vien
cruzas por los senderos de lo
por los acantilados crujientes
abres baúles rígidos de memo
brindas por el olor a promes
por el color soberbio que te ac
en algún remolino desbocado
de esplendor y de angustia in
Y el mar color de vino, y este
sucedáneo del mar, de un mar
de una arena de miel,
el negro mar de Homero en los
íntimos e intrincados de occid
donde las aves altas y los linces
y los toros más nobles y los cier
miran un vasto cielo azafranad
y la vida es un centro que llama
Acuarela el océano: noticia de u
recuento de las rutas ardidas baj
hallazgo de unas huellas
de pincel en el fondo: los marino
no consientea que estorben su ho
Hay una herencia noble que estos
dejan al pasajero de otras naves:
ciertas formas anónimas de luz
no las rompe la muerte con su pro

Francisco Javier Romero Campos

Descripción

El trabajo que he realizado ha sido una experiencia enriquecedora. He logrado cumplir con los objetivos planteados y he adquirido nuevos conocimientos que, sin duda, me ayudarán en el futuro. Este proceso me ha permitido desarrollar habilidades valiosas y fortalecer mi capacidad de autogestión. Al principio, pensé en la imagen de la autora y su amigo de niños jugando en el exterior, mientras las nubes son ese torbellino de emociones del que habla en su poema. Sin embargo, me pareció demasiado brusco, por lo tanto, me lo llevé al terreno simbólico y lo acabé representando como un torbellino de hojas caídas en otoño.

Estoy satisfecho con el resultado obtenido y emocionado por aplicar lo aprendido en futuros proyectos.

Tipología	Libro acordeón.
Técnica y materiales utilizados	Dibujo a tinta china.
Tamaño	22 x 31 cm.
N.º de páginas	6.

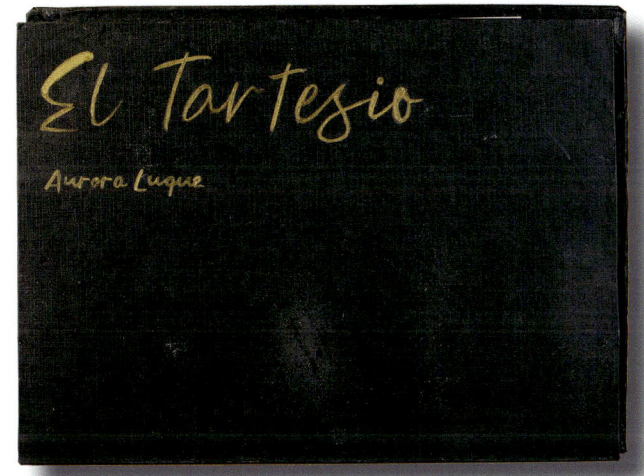

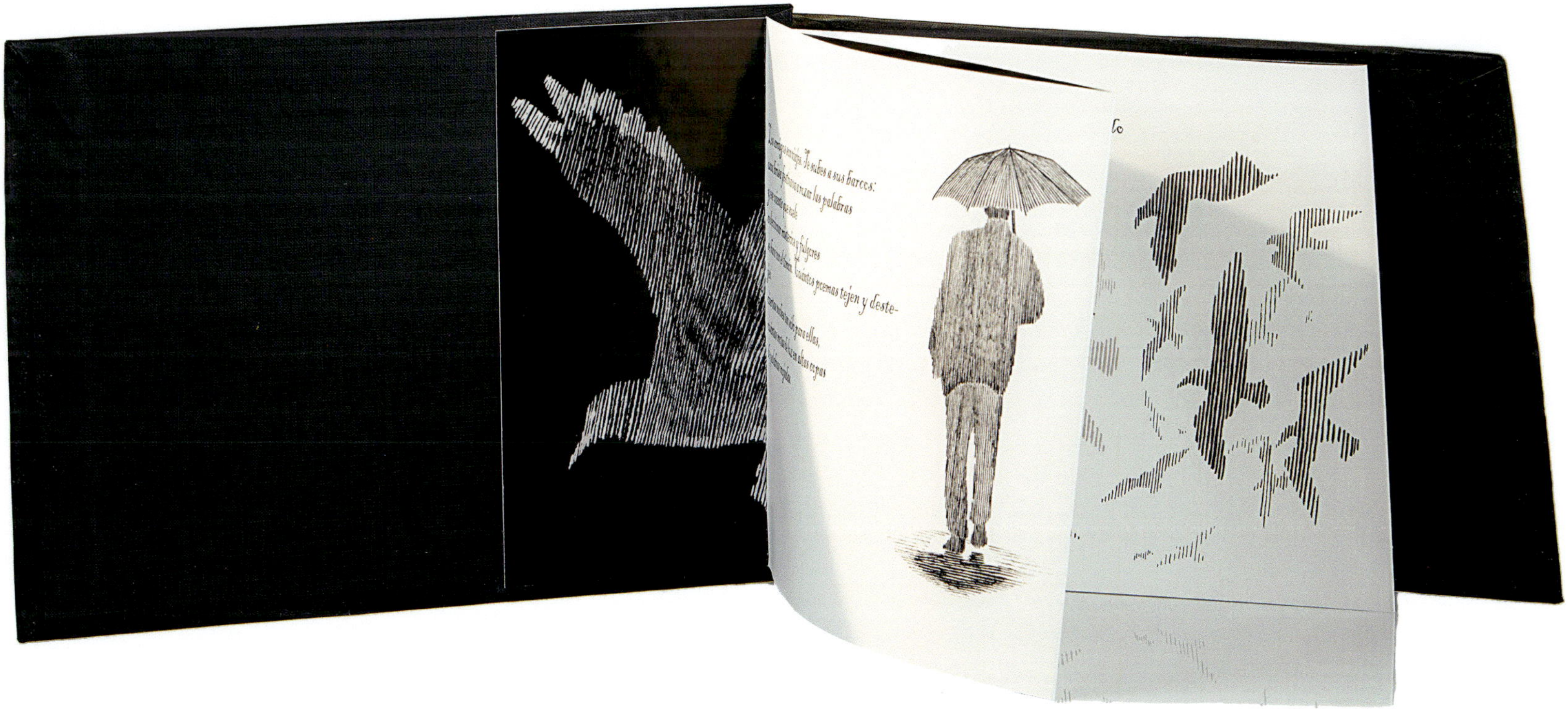

María Ruiz López

Descripción

Consciente de las emociones que acarrea una pérdida y lo que me ha transmitido la autora con su poema, he querido plasmar la pureza y delicadeza ante un tema para muchos tabú o aterrador, con esa fragilidad que es inevitable en el ser humano. He usado colores que aportan calma y silencio, un juego entre la presencia y la ausencia y la belleza que esto lleva consigo. Por otro lado, he fragmentado el poema para que la lectura sea lenta, mientras el lector se para a mirar imagen y texto, de esa forma se pueden ir saboreando las dos cosas paso a paso.

TIPOLOGÍA	Libro de artista.
TÉCNICA Y MATERIALES UTILIZADOS	Grafito, acuarelas y collage.
TAMAÑO	12 x 15 cm.
N.º DE PÁGINAS	6.

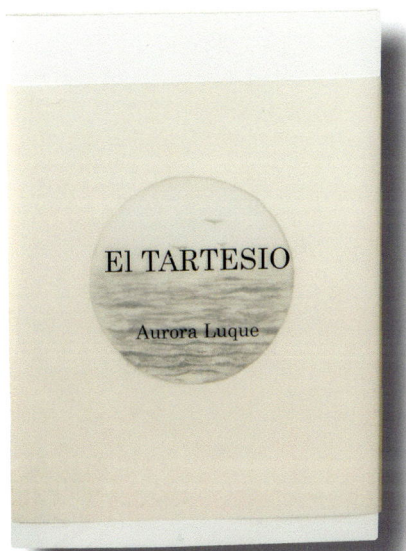

El TARTESIO

Aurora Luque

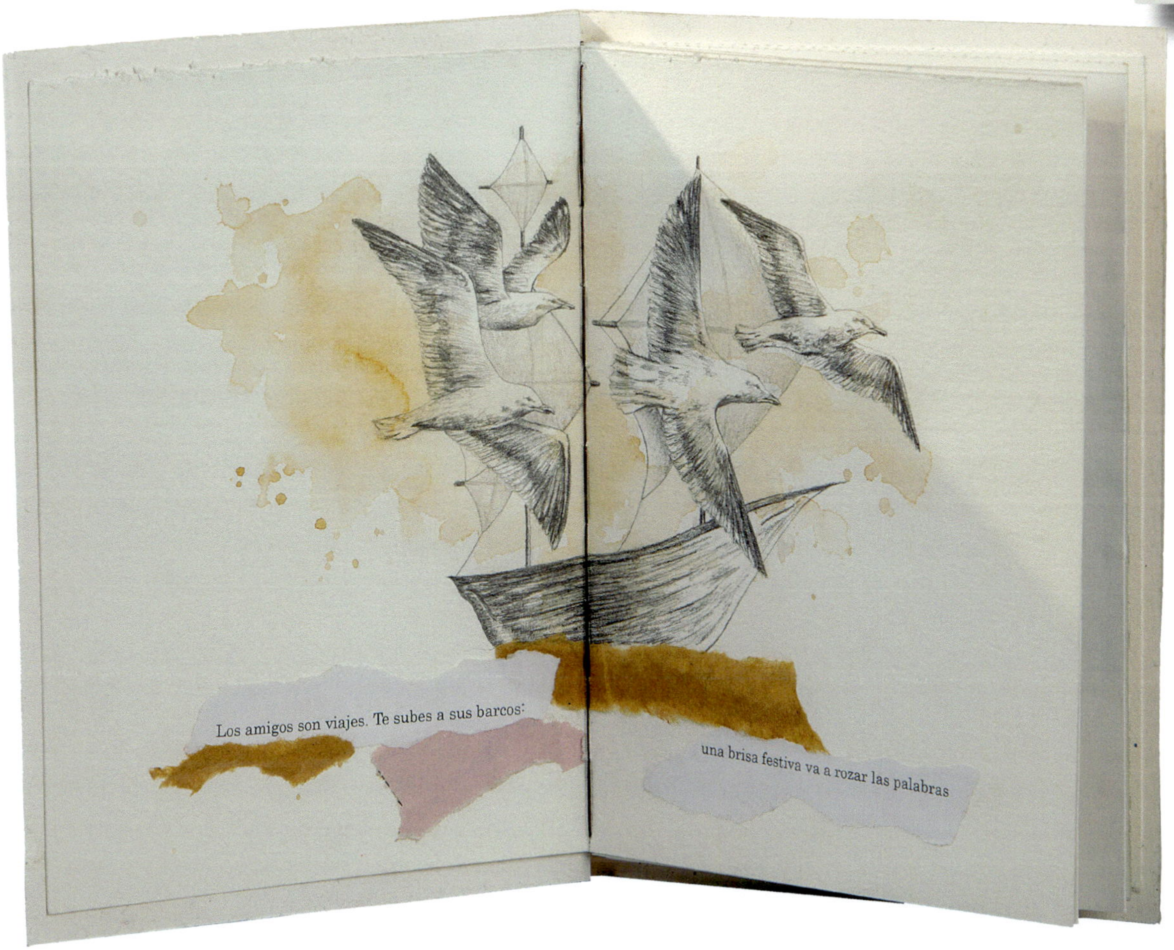

Los amigos son viajes. Te subes a sus barcos:

una brisa festiva va a rozar las palabras

Jesús Sánchez López

Descripción

El estilo de esta obra está inspirado en el trabajo de Josh Kern, aunque reinterpretado desde mi propia perspectiva. A través de la pintura y una selección de imágenes, busco plasmar lo que el poema me transmitió, más que ilustrar literalmente su contenido. Diría que este trabajo está impregnado de elementos personales que surgieron a partir de la inspiración del poema, más que de una representación fiel del poema en sí. Es una obra donde la experiencia subjetiva y la emoción prevalecen sobre la narración original, convirtiéndose en un diálogo visual entre la poesía y mi propia historia.

TIPOLOGÍA	Archivador.
TÉCNICA Y MATERIALES UTILIZADOS	Archivador de anillas, pintura acrílica, fiso, collage, papel basik 350 gr.
TAMAÑO	A5.
N.º DE PÁGINAS	8.

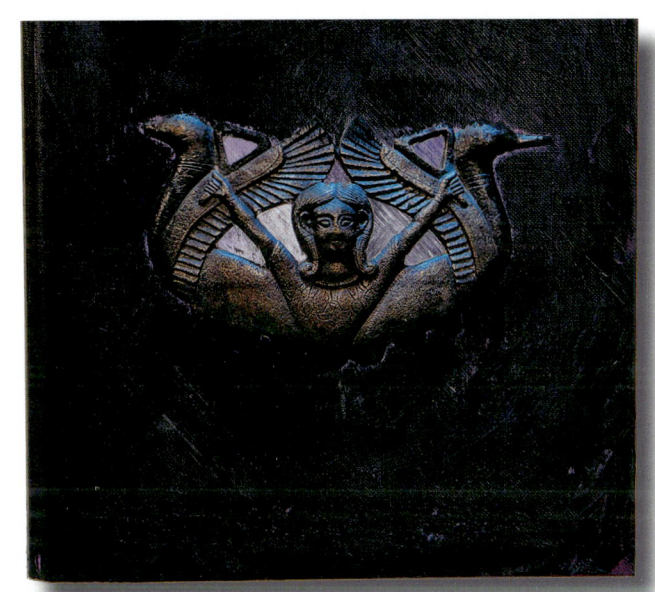

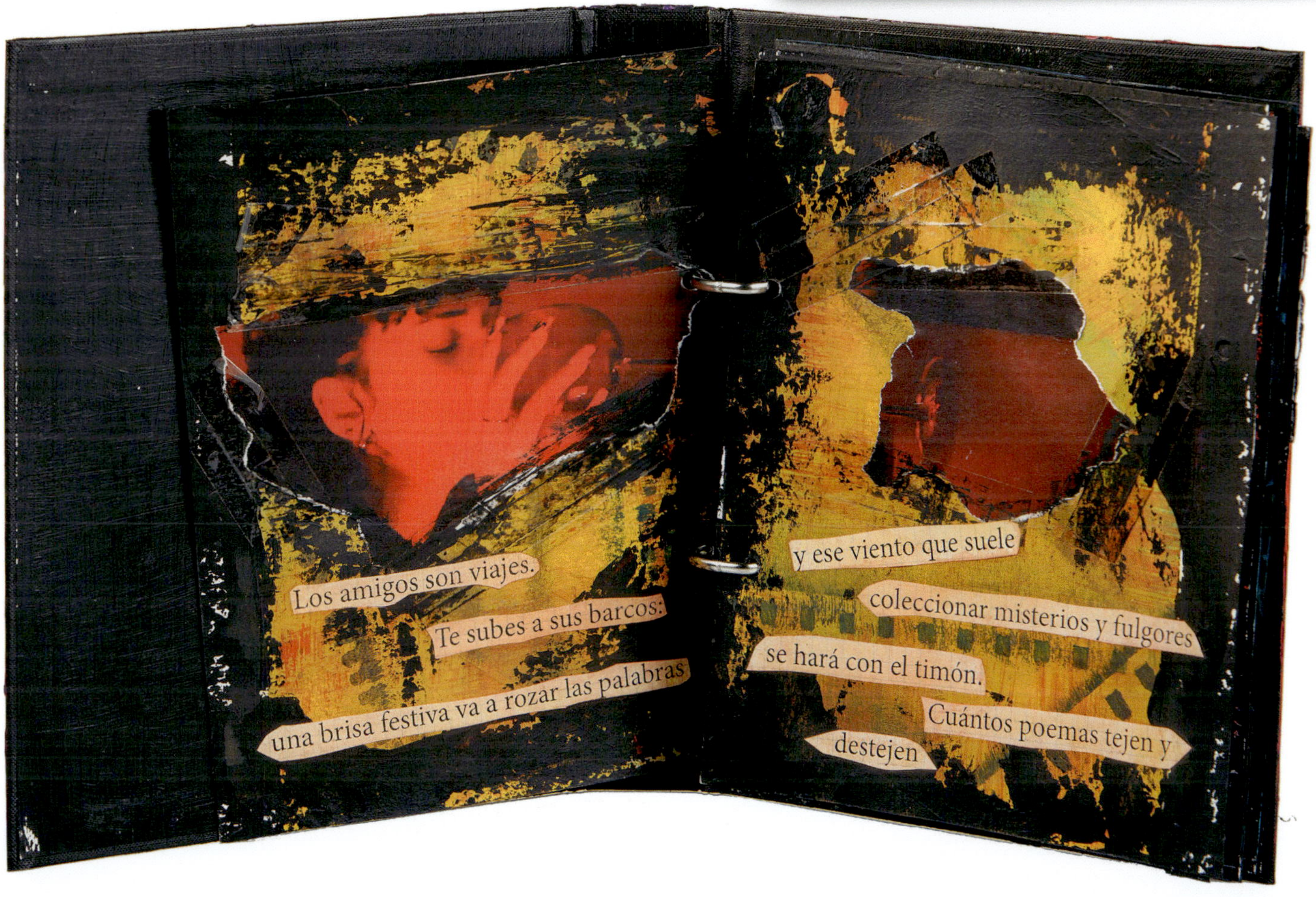

Los amigos son viajes.
Te subes a sus barcos:
una brisa festiva va a rozar las palabras

y ese viento que suele
coleccionar misterios y fulgores
se hará con el timón.
Cuántos poemas tejen y
destejen

Arte impreso, libro de artista y arte gráfico: relaciones, solapamientos y distinciones conceptuales

Este texto se adentra en la exploración detallada no solo de las definiciones individuales, sino fundamentalmente de las complejas y a menudo fluidas relaciones de coherencia interna que existen entre los conceptos clave de *arte impreso, libro, arte gráfico y edición de arte*, considerando especialmente sus connotaciones y valoraciones particulares dentro del contexto de las bellas artes, que pueden diferir de su uso en esferas comerciales o industriales. El objetivo primordial de este estudio es ir más allá de simples definiciones de diccionario para clarificar de manera exhaustiva cómo estos tres importantes dominios —el vasto campo de la impresión artística, la forma multifacética del libro como vehículo de arte, y la práctica histórica y técnica del arte gráfico— se interconectan, en qué puntos sus límites se vuelven porosos y se solapan, y dónde residen sus diferencias fundamentales. Se busca así ofrecer un marco conceptual más nítido para comprender, discutir y apreciar la diversidad de obras y prácticas que habitan en la intersección de estas categorías, reconociendo la riqueza que surge precisamente de sus interacciones y distinciones.

Arte impreso: el contenedor general

En su sentido más amplio, el arte impreso se define como *cualquier obra de arte creada mediante técnicas de impresión*, abarcando tanto el proceso técnico de transferencia desde una matriz (tradicional o digital) como el objeto artístico resultante. Su *alcance es vasto y diverso*, incluyendo métodos históricos como las técnicas de grabado (xilografía, calcografía), la litografía, la serigrafía y el linograbado, y ha evolucionado para incorporar obras digitales materializadas físicamente mediante impresión (ilustraciones digitales, fotografías intervenidas, etc.). El término *"arte impreso" puede englobar un amplio espectro*: desde proyectos con alto control artístico (obra gráfica original, libros de artista, fanzines) hasta reproducciones de alta calidad (impresiones Giclée) y artículos comerciales con función decorativa o utilitaria (pósters). Conceptualmente, *incluye todas las técnicas tradicionales del arte gráfico* y comparte con este y con la edición de arte la *base en la impresión/ transferencia* y el *potencial de multiplicidad*. Fundamentalmente, *engloba todos los ejemplos de arte gráfico (como la obra gráfica original) y edición de arte*, ya que ambos son tipos específicos de objetos impresos con intencionalidad artística.

El libro en el contexto artístico: formas y funciones

Dentro del vasto campo del arte impreso, el término "libro" adquiere manifestaciones particulares, principalmente en las categorías de *libro de artista, edición de bibliofilia y libro ilustrado*. Cada una representa una aproximación diferente al formato libro desde una perspectiva artística o cultural, situándose también bajo el paraguas del arte impreso.

El *libro de artista* es, en sí mismo, una *obra de arte original concebida por un artista*, que utiliza el formato libro como medio de expresión plástica y conceptual. Aquí, el *artista ejerce un alto grado de control* sobre todo el proceso creativo y productivo. Puede manifestarse como una *pieza única, una tirada muy limitada o incluso ediciones más amplias*. Este formato *explora la secuencialidad, la narrativa (visual y/o textual), la relación palabra-imagen, la materialidad del objeto y la interacción* física o conceptual con el lector/espectador. A menudo adopta *formas experimentales* como libros-objeto, libros-escultura o desplegables (leporellos), desafiando la noción tradicional de libro. Se diferencia claramente del *libro ilustrado* (donde la imagen generalmente apoya un texto preexistente) y, por supuesto, de publicaciones meramente documentales sobre arte. Históricamente ligado a las *vanguardias* y consolidado con movimientos como el arte conceptual y fluxus, el libro de artista frecuentemente se sitúa en la *intersección entre arte impreso y publicaciones de artista*. Su *materialidad* es a menudo crucial, empleando diversos materiales más allá del papel, aunque también puede buscar la *democratización* mediante ediciones amplias realizadas con técnicas industriales.

La *edición de bibliofilia*, por otro lado, se refiere a *libros concebidos primordialmente como objetos de arte o colección*. Son valorados por la excepcional calidad de sus materiales, el cuidado tipográfico, la ornamentación y, frecuentemente, la inclusión de ilustraciones originales, a menudo realizadas mediante *técnicas de grabado* u otras técnicas gráficas. En estos casos, el *valor reside tanto en el contenido como en la concepción estética y técnica del objeto libro* en su conjunto. Esta categoría incluye también la *edición facsímil* de libros antiguos o raros, donde la fidelidad reproductiva es clave. Las técnicas de producción –tipografía, ilustración (incluyendo el arte gráfico), calidad del papel, encuadernación– son elementos esenciales que definen su carácter.

El *libro ilustrado* es una obra (narrativa o informativa) donde *la imagen dialoga de forma crucial y significativa con el texto*, yendo más allá de la mera decoración. La *colaboración entre autor, ilustrador y editor es característica* de este tipo de libro. Su valor cultural y artístico deriva de la *historia que cuenta, la calidad intrínseca de las ilustraciones y, sobre todo, la sinergia creada entre texto e imagen*. Históricamente, ha sido un campo fértil para las *artes gráficas y la estampación* como métodos de ilustración.

Arte gráfico: técnica, arte y terminología

El *arte gráfico*, históricamente, abarca un conjunto de *técnicas artísticas y medios de reproducción* basados en la creación de una matriz para la estampación. Incluye prácticas tradicionales como las *técnicas de grabado* (xilografía, calcografía), así como la litografía, la serigrafía, etc. En el contexto de las bellas artes, el término implica una *intención artística clara, la creación de una matriz directamente por el artista y, a menudo, el uso de técnicas que permiten la multiplicidad*. La obra resultante sobre papel se denomina *estampa*. Coloquialmente, el término "grabado" se usa a menudo para referirse a la estampa múltiple sobre papel resultante específicamente de técnicas de grabado (con incisión o talla), aunque "arte gráfico" es más amplio. Técnicas como la *litografía y la serigrafía son plenamente parte del arte gráfico*, aunque no impliquen estrictamente una acción de "grabar" (incidir/tallar) la matriz. El término *"obra gráfica"* se usa a veces de forma aún más amplia, pudiendo incluir también el dibujo y otros productos "gráficos" sobre papel.

Las funciones históricas del arte gráfico incluyen la *ilustración de textos, la difusión masiva de imágenes y la documentación visual*. Hoy, circula principalmente en el circuito del *arte contemporáneo y moderno*. Su valor de mercado depende de factores como la *reputación del artista, la rareza de la edición, la calidad de la estampación, el estado de conservación y la procedencia* de la obra. La *obra gráfica original* es aquella cuya matriz ha sido creada directamente por el artista, independientemente de la técnica gráfica específica empleada. A pesar de su rica historia y relevancia, el arte gráfico ha ocupado a menudo una *posición ambigua* en la jerarquía de las artes, siendo a veces considerado secundario frente a la pintura o la escultura. La crítica especializada se ha centrado tradicionalmente más en *aspectos técnicos y descriptivos* que en profundos análisis de teoría artística general, lo que ha contribuido a cierta *confusión y profusión terminológica* en torno al campo. Así, el arte gráfico se establece como un campo diverso con una rica historia, funcionando como una categoría fundamental dentro del espectro más amplio del arte impreso y conectando con las demás formas aquí analizadas.

INTERRELACIONES Y SOLAPAMIENTOS CLARIFICADOS

Las definiciones anteriores permiten trazar las conexiones: la *"edición de arte" (que incluye libros de artista, bibliofilia, etc.) suele implicar procesos de impresión*, por lo que es mayormente una subcategoría del *"arte impreso"* (con excepciones como un libro de artista único manuscrito). Como ya se mencionó, *no todo "arte impreso" es "arte gráfico"* en sentido estricto, ya que muchas impresiones comerciales carecen de la intención artística o de una matriz creada directamente por un artista. Del mismo modo, *no toda "obra gráfica original" forma parte de una "edición de arte"* formalmente publicada; una estampa puede existir como prueba de estado o fuera de una edición comercial. El *solapamiento más claro y paradigmático* se da cuando una obra gráfica original (arte gráfico) se publica como una edición limitada (edición de arte); los ejemplares resultantes son, inequívocamente, "arte impreso" de alto valor artístico. En este esquema, el *"arte impreso" funciona como el campo conceptual contenedor* más amplio, dentro del cual se sitúan el "arte gráfico", el "libro de artista" y otras "publicaciones de artista". Existe, por tanto, una *amplia y fructífera zona de solapamiento* entre libro de artista, publicaciones de artista, arte gráfico y arte impreso en general.

CONCLUSIÓN: UNA RED INTERCONECTADA Y DINÁMICA

En resumen, las fuentes analizadas describen una compleja y dinámica red de conceptos interrelacionados en el ámbito de las artes visuales. El *arte impreso* emerge claramente como el término más inclusivo y abarcador, funcionando como un paraguas conceptual que engloba cualquier manifestación artística que utilice la impresión como medio fundamental de creación o reproducción. Dentro de este amplio campo, el *arte gráfico*, entendido como el conjunto de disciplinas artísticas que utilizan una matriz para crear obras múltiples sobre papel (incluyendo técnicas específicas como el grabado, la litografía, la serigrafía, etc.), posee una rica historia, un peso técnico considerable y un continuo debate terminológico que refleja su evolución. Por su parte, el *libro* adopta diversas y fascinantes formas artísticas dentro de la *edición de arte* —desde la bibliofilia hasta la ilustración—, destacando especialmente el *libro de artista* como una categoría singular y autónoma que es, a su vez, una manifestación intrínseca del *arte impreso*, aprovechando su formato para la exploración conceptual y material. Es crucial entender que la experimentación contemporánea, impulsada por nuevas tecnologías y enfoques interdisciplinares, continúa explorando y difuminando activamente las fronteras tradicionales entre estas categorías, demostrando la inagotable vitalidad y capacidad de adaptación de la creación artística basada en la impresión y la edición.

Antonio Damián

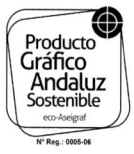

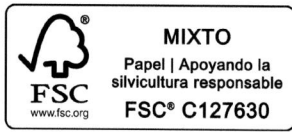